Heróis da Humanidade
Guilherme Tell

Ciranda Cultural

Dados Internacionais de Catalogação na Publicação (CIP) de acordo com ISBD

B921g   Buchweitz, Donaldo
         Guilherme Tell / Donaldo Buchweitz; ilustrado por Eduardo Vetillo. - Jandira, SP:
Ciranda Cultural, 2022.
         24 p.: il.; 25,00 cm x 25,00 cm - (Heróis da humanidade – edição bilíngue).

         ISBN: 978-65-261-0034-9

         1. Literatura infantojuvenil. 2. Gênio. 3. Arco e flecha. 4. Herói. 5. Biografia. 6. Suíça.
7. Coragem. 8. Bilíngue. I. Silvino, Vetillo, Eduardo. II. Título. III. Série.

	CDD	028.5
2022-0593	CDU	82-93

Elaborado por Lucio Feitosa - CRB-8/8803
Índice para catálogo sistemático:
1. Literatura infantojuvenil 028.5
2. Literatura infantojuvenil 82-93

© 2022 Ciranda Cultural Editora e Distribuidora Ltda.
Produção: Ciranda Cultural
Texto @ Donaldo Buchweitz
Ilustrações: Eduardo Vetillo
Preparação de texto: Karina Barbosa dos Santos
Revisão: Maitê Ribeiro e Lígia Arata Barros
Versão e narração em inglês: Melissa Mann

1ª Edição em 2022
www.cirandacultural.com.br
Todos os direitos reservados. Nenhuma parte desta publicação pode ser reproduzida, arquivada em sistema
de busca ou transmitida por qualquer meio, seja ele eletrônico, fotocópia, gravação ou outros, sem prévia
autorização do detentor dos direitos, e não pode circular encadernada ou encapada de maneira distinta daquela
em que foi publicada, ou sem que as mesmas condições sejam impostas aos compradores subsequentes.

Heróis da Humanidade
Guilherme Tell

Ouça a narração
em inglês:

A Suíça foi governada durante muito tempo por um rei tirano chamado Gessler. As pessoas tinham muito medo dele. O rei não aceitava que súdito algum deixasse de cumprir suas ordens. Aquele que desobedecesse seria severamente punido.

Switzerland was ruled for many years by a tyrannical king named Gessler. The people feared him greatly. All his subjects had to follow his orders, and those who disobeyed were severely punished.

No reino havia um espetacular atirador. Seu nome era Guilherme Tell, e não havia ninguém que o superasse na arte de atirar com uma arma chamada *Armbrust* (nome em alemão, conhecida em português como besta). Sua pontaria era sempre certeira e sua fama atravessava fronteiras.

In the kingdom lived a spectacular marksman. His name was William Tell, and there was no one better in the art of shooting an armbrust (German for crossbow). His aim was always on target, and his fame stretched far beyond the country's borders.

O rei, que gostava de amedrontar o povo, pendurou um chapéu com as cores de seu país em um poste, na praça principal. Todos que passassem por ali deveriam fazer uma saudação respeitosa, como prova de submissão.

The king, who enjoyed intimidating the people, hung a cap with the country's colors on a post in the main square. Everyone who passed by was ordered to bow before the hat as proof of their submission to the king.

O chapéu era guardado por soldados, que garantiriam que as ordens do rei fossem cumpridas. Certo dia, Guilherme Tell passou diante do chapéu com seu filho Walter e se recusou a fazer a saudação exigida.

The hat was guarded by soldiers who ensured that the king's orders would be carried out. One day William Tell walked by the hat with his son Walter and refused to bow.

Ao saber do ocorrido, o rei ficou extremamente furioso. Como alguém se recusava a cumprir uma ordem sua? Ele, que era o rei e governante, havia determinado que todos, sem exceção, se curvassem diante do chapéu pendurado no poste!

When the king got word of what had happened, he was furious. How could someone refuse to follow his order? He, as king and ruler, had declared that everyone, without exception, had to bow before the hat hanging on the post!

Para Gessler, tal comportamento era inadmissível e desafiá-lo significava sentença de morte. Guilherme Tell só estaria livre se atirasse uma flecha, a uma distância de cinquenta passos, e acertasse a maçã que estaria colocada sobre a cabeça do próprio filho. Caso contrário, seria executado em praça pública.

Such behavior was unacceptable to Gessler, and challenging the king was grounds for death. The king declared William Tell would only be let free if he shot an arrow from a distance of 50 feet and hit an apple placed atop his own son's head. If he failed he would be executed in the public square.

Walter foi amarrado a uma árvore, a maçã foi colocada sobre a cabeça dele, e Guilherme Tell foi levado para o ponto de onde deveria manejar a arma e mirar no alvo.

– Atire! – ordenou o rei. Guilherme Tell hesitou.

– Pode atirar – disse o filho. – Não tenho medo. Conheço a sua pontaria.

Walter was tied to a tree, the apple was placed atop his head, and William Tell was brought to where he was to load his crossbow and mark his target. "Shoot!" ordered the king. William Tell hesitated. "Go ahead," his son said. "I am not afraid. I trust your marksmanship."

Com coragem e determinação, Guilherme se preparou: encaixou a flecha no arco, mirou no ponto que a flecha deveria atingir e disparou. A flecha voou, voou... e acertou a maçã sobre a cabeça de Walter. Então, a maçã partiu-se ao meio.

Armed with courage and determination, William readied himself: he fit the arrow to the bow, eyed the target, drew the string and released. The arrow soared through the air and... hit the apple atop Walter's head, splitting it in two.

Suspiros de alívio foram ouvidos de todos os presentes, que assistiam a tudo atônitos.
– Bravo! – disse o governante. – Está perdoado por sua desobediência. Em seguida, o rei viu que Guilherme carregava outra flecha.

Sighs of relief were heard from the stunned crowd in attendance.
"Bravo!" said the ruler. "Your disobedience is pardoned." The king then noticed that William was carrying a second arrow.

Intrigado, o rei perguntou:

– Por que trouxe duas flechas consigo, se tinha apenas uma chance de atirar?

– A segunda eu arremessaria contra Vossa Majestade, caso eu errasse o primeiro tiro. Dada a resposta, Guilherme virou-se, pegou o filho pelo braço e os dois foram embora da praça.

Intrigued, the king asked, "Why did you bring two arrows if you had only one chance to shoot?"

"The second one I had planned to shoot at Your Majesty in case I had missed my first target." After giving his answer William turned around, put his arm around his son, and the two left the square.

Herói lendário do início do século XIV, Guilherme Tell foi um grande combatente, que contribuiu para que seu povo pudesse se tornar independente e ser livre.

William Tell is a legendary hero from the early 14th century. He was a great fighter who helped his people gain their independence and freedom.